色で遊ぶ、モチーフを楽しむ

オトナのビーズ刺繍ブローチ

COLORFUL &
PLAYFUL

MON PARURE

Introduction ——•

「オトナのビーズ刺繍ブローチ」のプロジェクトは、
2015年にスタートしました。
10年近く経った今でも、コンセプトは変わりません。

初めての方にも気軽に作れて「かわいい！」と
心がときめいているうちに完成すること、
大人の遊び心が感じられるデザインや色であることです。

今回のテーマは「COLORFUL & PLAYFUL」。
ビーズやフェルトは絵の具のように
色を混ぜることはできませんが、
その組み合わせによって
さまざまな表情を見せてくれるのだなと、
デザインを楽しみました。
このシリーズならではの、
ほかではなかなか見ないモチーフも
身につけたいビーズのアクセサリーになっています。

とっておきの色で、こだわりの形で、
ぜひ楽しく作って遊んでみていただきたいと思います。

Contents ——•

Suits
トランプ P.04・42

Lips & Lipsticks
リップ & リップスティック P.05・44,45

Dogs
いぬ P.06・46

Cats
ねこ P.07・46

Orangettes
オランジェット P.08・50

Half-cut Veggies
ハーフカットベジタブル P.09・52

Musical Instruments
楽器 P.10・54

Corals
サンゴ P.12・56

Jellyfish
クラゲ P.13・58

Rabbits
うさぎ P.14・60

Toy poodles
トイプードル P.15・62

Diagram
幾何学模様 P.16・64

Mackerel pike
さんま P.18・66

Hedgehogs
ハリネズミ P.20・68

Borsalino hats
ボルサリーノハット P.21・49

Alphabets
アルファベット P.22・73

Halloween
ハロウィーン P.24・70

Clutch bags
クラッチバッグ P.25・76

Lunar phases
月の満ち欠け P.26・77

Christmas trees
クリスマスツリー P.28・78

Materials 材料 P.30

Tools 道具 P.31

Basic Techniques 基本のテクニック P.32

How to Make 作り方 P.42

Suits トランプ ——————● How to make P.42

小さなモチーフの中に
キラキラと輝くラインストーンチェーンを並べて
華やかなピアスに。

Lips & Lipsticks

リップ & リップスティック ──────● How to make P.44, 45

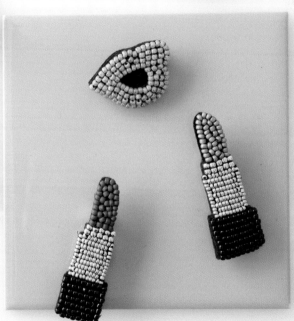

存在感があるモードな赤は、マットな質感のビーズで。

ナチュラルテイストがお好きなら、マーブル柄のビーズがおすすめです。

Dogs

いぬ ────●── How to make　P.46

個性ある耳やしっぽの形、
ちょっとしたしぐさの愛らしさは
シルエットにしてこそ
伝わります。

Cats

ねこ ————● How to make P.46

Orangettes

オランジェット ────● How to make P.50

ほろ苦さと甘酸っぱさの組み合わせ。

お酒のお供にもぴったりな

オトナのスイーツ。

Half-cut Veggies ハーフカットベジタブル

──────● How to make P.52

外国のお菓子や調味料のパッケージのように
どこかポップにデフォルメした
トマトとアボカド。

Musical Instruments

楽器 ——● How to make P.54

クラシックのコンサートや
ジャズのライブに着けて出かけたい。
控えめなキラッと感が
大人っぽいデザインです。

LA
TERRASSE
AU
BORD
DE
LA

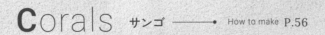

Corals サンゴ ——→ How to make P.56

夏の日差しにも負けない、ビビッドなカラー。

黒ビーズでエッジを効かせ、パールを添えた

インパクトのある作品。

涼しげに揺れるフリンジは、
ビーズステッチ用糸の適度なハリと
やわらかさを生かして作ります。

Jellyfish

クラゲ ──────● How to make P.58

13

Rabbits

うさぎ ──────● How to make P.60

甘くなりがちなうさぎモチーフは
デフォルメしすぎないデザインで
少し大人っぽく。

モコモコとした毛並みを、
丸ビーズの粒々感で表現。
立体的なかわいさが魅力です。

Toy poodles

トイプードル ──→ How to make P.62

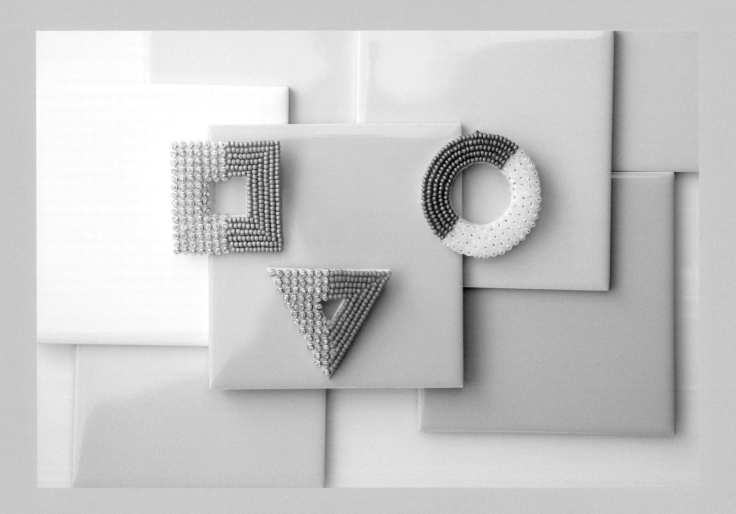

Diagram

幾何学模様 ──────● How to make P.64

ビーズのカラーだけでなく、刺し方もツートーンに。

好きなカラーやサイズにアレンジしやすい作品です。

竹ビーズのつやが、魚にぴったり！
遊び心たっぷりの、さんまモチーフ。
縦に着けると、尾びれがゆらゆらと
揺れてユーモラス。

Mackerel pike

さんま ————● How to make P.66

Hedgehogs ハリネズミ ⟶ How to make P.68

カラフルなフェルトを生かした、カジュアルな装いのポイントになるハリネズミ。

つぶらな瞳と小さな脚がチャームポイント。

Borsalino hats ボルサリーノハット ————→ How to make P.49

マスキュリンスタイルなハットは、重みのある色合いのビーズで。

秋冬のスタイルにプラスするのがおすすめです。

Alphabets アルファベット ────● How to make P.73

人気モチーフのアルファベットは

ダスティパステルな色味で、優しい雰囲気に。

シルクのような輝きのある竹ビーズがアクセントです。

Halloween ハロウィーン ───● How to make P.70

スパンコールや大小のクリスタルパール、

チェーンや竹ビーズ、

いろんな素材を詰め込んで。

夜にキラッと光ります。

Clutch bags

クラッチバッグ ──────● How to make **P.76**

華やかなパーティシーンに、
キラキラしたアイテムをあえてプラスしてみましょう。
小さめブローチで、使いやすいデザイン。

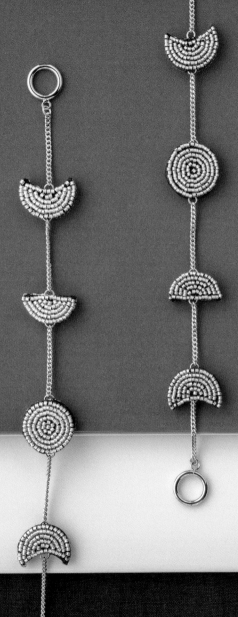

Lunar phases

月の満ち欠け ————● How to make P.77

時のうつろいを思わせる、神秘的な月の変化。
シンプルで上質感がある
ブレスレットに仕上げました。

Christmas trees

クリスマスツリー ──────→ How to make P.78

1年でいちばん街がキラキラと輝く季節。

鮮やかなカラーを使って

イルミネーションに彩られたツリーを表現。

A 丸小ビーズ、丸特小ビーズ [TOHO]
定番の丸いガラス製のビーズ。

B 竹ビーズ [TOHO]
円柱状の細長いビーズ。

C スパンコール [Sea Horse]
立体的なカップ状の「亀甲」と、平らな「平」がある。

D パール
本書ではクリスタルパールを使用。

E Vフェルト [SUNFELT]
2mm厚のフェルト。

F ハードフェルト [SUNFELT]
紙のような質感のフェルト。

G 糸 One・G [TOHO]
ビーズステッチ用でナイロン製のすべりのよい糸。
すべての作品に使用。

H チェーン
I 連爪チェーン
J Tピン
K 銅玉
L 丸カン
M 直パイプ
N ブローチ金具（造花ピンとも）
O ピアス金具
P マンテル

Materials 材料

ビーズ刺繍針　**A**
縫い針やフランス刺繍針は丸特小ビーズを通すことができないため注意。

ビーズマット　**B**
かたい机上ではビーズが転がってしまうため、マットの上に出す。
弾力があり、ビーズがひろいやすい。

カットワーク用ハサミ　**C**
切れ味がよく刃先が細い。フェルトを正確にカットできる。

布用ボンド　**D**
フェルト同士を接着する。

ヘラもしくは爪楊枝　**E**
布用ボンドを塗りのばす。

チャコペン　**F**
黒・白どちらのフェルトにも使える、ピンクや緑色がおすすめ。
線は基本的にビーズで隠れるため、ボールペンでも可。

平ペンチ　**G**
丸カンの開閉をする。

丸ペンチ　**H**
Tピンを丸める。

ニッパー　**I**
チェーンやTピンをカットする。

※ **A〜F** はすべての作品で使用。
G〜I は使用するアクセサリーパーツに合わせて用意する。

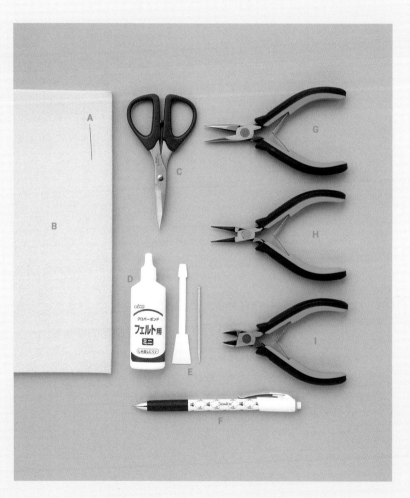

道具 Tools

刺繍の基本的な流れ

1 フェルトをカットする。

2 輪郭を刺す。

3 内側を刺しうめる。

Point

刺繍枠は使わず、先にフェルトをカットしてから刺す。
Vフェルトやハードフェルトはしっかりしているので、カットしてから刺すことができる。

図案の写し方

1 型紙をカットし、フェルトの上に置いて周りをなぞる。

Point

しっかり描きたい場合はボールペンがおすすめ。フェルトに残る図案線が気になる場合は、チャコペンを使う。

2 線の内側をカットする。

Point

線の上や外側を切ると、フェルトが型紙より大きくなり、作品のサイズや雰囲気が変わってしまうので注意。

内側にラインがある場合

1 型紙の内側のラインは、型紙に穴をあけて点で写す。

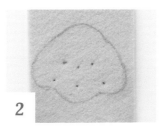

2 点を写したところ。

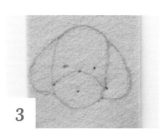

3 型紙を参照し、点をつないで線を描く。

刺しはじめ（玉結び）

1 60㎝くらいにカットした糸を針に通し、人差し指の上に針と糸端を置く。

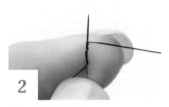

2 針に糸を3回巻く。

3 巻いた部分を指で押さえ、針を引き抜く。

4 玉結びの完成。本書の作品はすべて1本どりで刺繍する。

刺し終わり（玉どめ）

1 裏側でフェルトを小さくひろう。

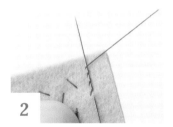

2 針に糸を3回巻く。

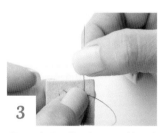

3 巻いた部分を指で押さえ、針を引き抜く。

4 糸をカットし、玉どめの完成。

Column 01

糸とフェルトの選び方

糸

この本では、ナイロン製のツルツルとした糸を使っています。フェルトに通したときにすべりがよく、ハリがあって絡まりづらく、扱いやすい糸です。
色は、ビーズではなくフェルトに合わせて選ぶのが基本ですが、透けるビーズの場合はビーズに合わせることもあります。ビーズは違う色合いでも、フェルトと似た色合いであれば完成後に目立ちません。

フェルト

2㎜厚のVフェルトと、ハードフェルトを作品によって使い分けています。どちらも、手芸店で最も一般的な1㎜厚のやわらかいフェルトに比べてしっかりとしているため、カットしてから刺繍をするのに適しています。
ハードフェルトは薄く、紙のような質感のため複雑な形の作品（♥）や、小さなモチーフ（♣）におすすめです。

Stitch

Ⓐ バックステッチ

1 フェルトの端から針を出す。

2 ビーズを1個ひろい、ビーズ1個分先に針を入れる。

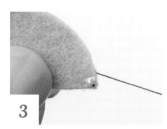

3 糸を引く。

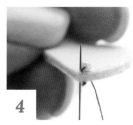

4 1で針を出した位置から再び針を出す。

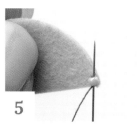

5 ビーズに針を通し、糸を引く。

6 ビーズを1個ひろい、ビーズ1個分先に針を入れる。

7 ビーズとビーズの間から針を出す。

8 2個めのビーズのみに針を通し、糸を引く。

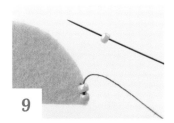

9 6〜8を繰り返す。

10 角まできたら、一度針を入れてとめる。

11 新しく針を出し、刺し進む。

Point

10〜11の方法で刺すことで、角がきれいに出る。そのまま刺し進めると角が丸くなってしまう。

B 2個ずつ刺すバックステッチ

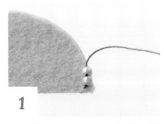

1

先に刺したビーズに再度針を通し、糸を引く。

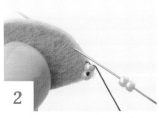

2

ビーズを2個ひろい、針を入れる。

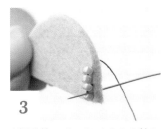

3

3個手前のビーズのきわから針を出す。

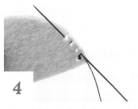

4

ビーズ3個に針を通し、糸を引く。

5

2〜4を繰り返して刺し進む。

Point

「2個ずつ刺すバックステッチ」は早く進むため、丸特小ビーズを刺すときに使うとよい。ただし、カーブのきつい部分（★1）は通常のバックステッチのほうがきれいに刺せる。
丸小ビーズは、内側（★2）を刺すときは2個ずつ刺してもよい。

★1

★2

C 三角どめ　ランダムにビーズを刺し並べる方法。面積が狭い場合は1個ずつ刺す。

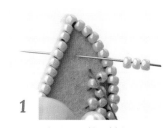

1

ビーズ3個をひと針で刺す。

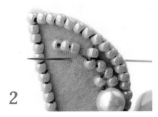

2

少し離れた位置から針を出す。

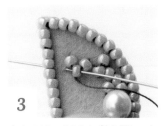

3

中心のビーズのみに針を通し、少し引くようにして針を入れる。

4

刺しうめるとビーズがランダムに並ぶ。1個ずつ刺すより早くうまる。

D ストレートステッチ

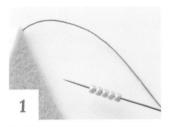

1 複数個のビーズをまとめてひろう。

2 ひと針で刺す。ストレートステッチの完成。

Point 1

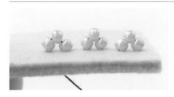

ビーズの長さより短く針を入れると、立体的なアーチ状になる。

Point 2

a. ストレートステッチで面をうめる場合は、先に刺したステッチ（水色）のきわから針を出して刺す。
b. 糸を引くと、自然と曲線を描く。
c. 刺し並べたところ。
d. 複雑にステッチのラインが重なり、華やかな印象になる。

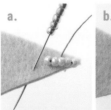
a.

b.

c.

d.

E スパンコールを立てるストレートステッチ

1 丸特小ビーズとスパンコールを交互にひろう。

2 ひと針で刺す。

3 スパンコールが立つ。

4 毎針、異なる方向へ刺しうめる。

F コーチングステッチ

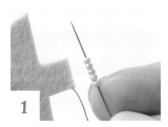

1
複数個のビーズをまとめてひろう。

2
ひと針で刺す。

3
同様にもう1列刺す。

Point

3はストレートステッチを刺し並べた状態。図案によってはこのままでもよいが、作品の端では着用時に引っかかりやすいため、この後の工程で小さな針目でとめる。

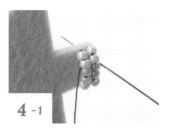

4-1 **4**-2
2列のビーズの、上から2個を小さな針目でまとめてとめる。

5
同様に2列ずつ刺し進む。とめるビーズは2〜3個ずつが目安。

Point

バックステッチより早く、ストレートステッチよりしっかりと、直線を刺し並べられる。

G 連爪チェーンのコーチングステッチ

1
フェルトの上に置き、はじめの1コマを小さな針目で縫いとめる。

2
必要な長さを確認し、ニッパーでカットする。

3
1コマずつ、小さな針目でとめる。

Variation

鎖状のチェーンは、左右交互に小さな針目でとめる。

H スパンコールの連続刺し

1 刺しはじめたい位置の、スパンコール半径分先から針を出す。

2 スパンコールをひろう。

3 スパンコールのきわに針を入れる。

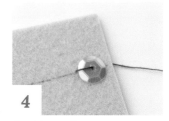

4 糸を引く。1枚ついたところ。

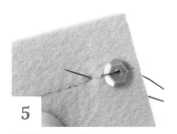

5 半径分先から針を出す。

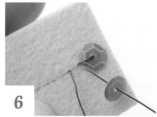

6 スパンコールを1枚ひろい、先に刺したスパンコールのきわに針を入れる。

7 5〜6を繰り返す。

8 スパンコールを半分ずつ重ねながら刺すことができる。

I ビーズでとめる

1 とめるパーツ（ここではスパンコール）とビーズを通し、とめるパーツのみに再度針を通す。

2 ビーズがストッパーになって、パーツがとまる。

Variation

先に刺したビーズに重ねると、角度がついて様々な方向を向く。

Variation

デミビーズ（薄型ビーズ）を丸特小ビーズでとめたところ。

J フリンジ

1
先にフェルトに刺したビーズ数個に針を通す。

2
ビーズを必要個数ひろう。

3
1個（★）残して再度針を通す。

4
糸を引くと、バックステッチ（青）にフリンジ（水色）がつながる。

K フェルトの側面に刺す

1
フェルトの側面から針を出す。

2
P.38 ❶「ビーズでとめる」同様に刺す。

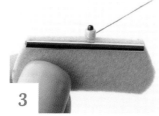

3
フェルトの側面にパーツがつく。

Example

銅玉と丸特小ビーズを刺したところ。

Column 02

「ビーズでとめる」のアレンジ

「フリンジ」は「ビーズでとめる」と構造は同じです。針を出す場所と、ひろうパーツの種類と数を変えることで、様々な表現ができます。

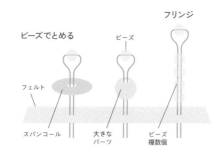

ビーズでとめる　ビーズ　フリンジ

フェルト
スパンコール　大きなパーツ　ビーズ複数個

上はフェルトの表面から針を、下は「フリンジ」同様、ビーズ（ここでは竹ビーズ）から針を出してとめる。

フリンジを刺し並べたところ。

L 大きなパーツを刺す

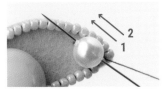

パールなど大きなパーツは、2〜3回針を通して安定させる。

Point

パールが倒れると穴が目立ってしまうので注意。

Variation

直パイプは長いため、交互に針を通して3回刺す。交互に針を入れることで、裏に糸が長く渡らずに刺せる。

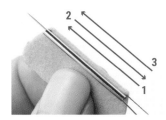

きれいに刺すためのコツ

小さなすき間が気になっても、少しフェルトが見えるくらいで刺し終える。

刺しすぎると、周りのビーズを押してしまい、輪郭の形が崩れてしまう。

Point

「刺しすぎない」は、面を刺しうめるときだけでなく、バックステッチで線を描くときも同様。ビーズを詰めすぎると、ビーズ同士が押し合い、ラインがガタガタしてしまう。
すき間なく刺すより、ラインがきれいに描けているほうが、完成時にきれいに見える。

ブローチの仕立て方

1

もう1枚フェルトを同寸にカットし、ブローチ金具を糸2本どりで縫いつける。表裏に注意。

2

ピンがついたパーツの裏面に、ボンドを塗り広げる。

3

刺繍したパーツを重ね、乾かす。

4

表から見てずれた部分をカットし、完成。

丸カンのつけ方

平ペンチや丸ペンチで、ずらすようにして開閉する。

縫いとめる場合は、刺繍パーツの裏面に2本どりで数回縫う。

Example

Tピンどめをつないだところ。

Variation

ブレスレットは、マンテルとチェーンを丸カンでつなぐ。

Tピンどめ

1

Tピンにパーツを通す。

2

パーツの根元で直角に曲げ、7㎜ほど残してニッパーでカットする。

3

丸ペンチで丸める。

Example

縫いつけた丸カンにつないだところ。

材料について

この本で使用している材料は、一般的な手芸店で購入できるものが主です。
作り方ページの材料欄に掲載しているメーカー・販売店をご紹介します。

TOHO（トーホー）
ビーズと糸を使用しています。
http://www.toho-beads.co.jp

SUNFELT（サンフェルト）
フェルトを使用しています。
http://www.sunfelt.co.jp/

Sea Horse（シーホース）
スパンコールを使用しています。

Suits トランプ P.04

型紙（原寸）

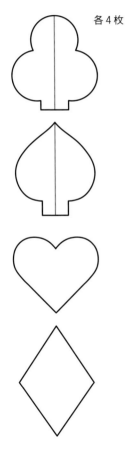

各4枚

材料

club

丸小ビーズ #714（銀）…約280個 [TOHO]
丸小ビーズ #21（クリア）…約120個 [TOHO]
連爪チェーン2mm（ホワイトオパール×ロジウム）
…32コマ
ピアス金具（ゴールド）…1組
丸カン8mm（ゴールド）…2個
丸カン5mm（ゴールド）…8個
ハードフェルト #790（黒）[SUNFELT]
糸 One・G #PT-2（黒）[TOHO]

heart

丸小ビーズ #25D（赤）…約230個 [TOHO]
連爪チェーン2mm（赤×ロジウム）…64コマ
ピアス金具（ゴールド）…1組
丸カン8mm（ゴールド）…2個
丸カン5mm（ゴールド）…8個
ハードフェルト #790（黒）[SUNFELT]
糸 One・G #PT-2（黒）[TOHO]

spade

丸小ビーズ #49（黒）…約150個 [TOHO]
丸小ビーズ #344（グレー）…約80個 [TOHO]
連爪チェーン2mm（ジェット×ロジウム）
…96コマ
ピアス金具（ゴールド）…1組
丸カン8mm（ゴールド）…2個
丸カン5mm（ゴールド）…8個
ハードフェルト #790（黒）[SUNFELT]
糸 One・G #PT-2（黒）[TOHO]

diamond

丸小ビーズ #714（銀）…約110個 [TOHO]
丸小ビーズ #21（クリア）…約100個 [TOHO]
連爪チェーン2mm（パール×ロジウム）…104コマ
ピアス金具（ゴールド）…1組
丸カン8mm（ゴールド）…2個
丸カン5mm（ゴールド）…8個
ハードフェルト #790（黒）[SUNFELT]
糸 One・G #PT-2（黒）[TOHO]

作り方

1 フェルトを型紙に合わせてカットする（P.32）。

2 下図のように刺す。同じものを4枚ずつ作る。

3 丸カンを縫いつけ（P.41）、2枚ずつ外表に貼り合わせる。

4 図1のように丸カンでつなぐ。

club

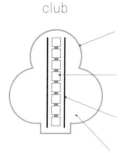

① 輪郭を丸小ビーズ（銀）の
バックステッチ（P.34-Ⓐ）で刺す

② 中心に連爪チェーンの
コーチングステッチ（P.37-Ⓖ）

③ 連爪チェーンのわきに
丸小ビーズ（銀）のバックステッチ

④ あいた部分は丸小ビーズ（クリア）
三角どめ（P.35-Ⓒ）

heart

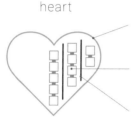

① 輪郭を丸小ビーズ（赤）の
バックステッチ（P.34-Ⓐ）で刺す

② 連爪チェーンの
コーチングステッチ（P.37-Ⓖ）

③ 連爪チェーンのわきに
丸小ビーズ（赤）のバックステッチ

④ ②、③を繰り返し
右から左へ刺しうめる

図1

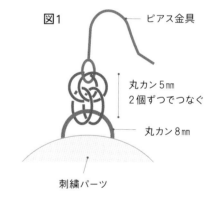

ピアス金具

丸カン5mm
2個ずつでつなぐ

丸カン8mm

刺繍パーツ

spade

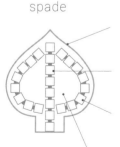

① 輪郭を丸小ビーズ（黒）の
バックステッチ（P.34-Ⓐ）で刺す

② 中心に連爪チェーンの
コーチングステッチ（P.37-Ⓖ）

③ ①の内側に連爪チェーンの
コーチングステッチ

④ あいた部分は丸小ビーズ（グレー）
三角どめ（P.35-Ⓒ）

diamond

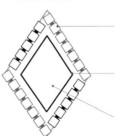

① 輪郭を連爪チェーンの
コーチングステッチ（P.37-Ⓖ）4本に分けて刺す

② 連爪チェーンの内側を
丸小ビーズ（銀）のバックステッチ（P.34-Ⓐ）

③ あいた部分は丸小ビーズ（クリア）
三角どめ（P.35-Ⓒ）

Lips　リップ　P.05

型紙（原寸）

材料

light pink（上）

丸小ビーズ #1200（薄ピンクマーブル）
…約120個 [TOHO]
ブローチ金具 30㎜…1個
Vフェルト 2㎜厚 #2014（黒）[SUNFELT]
糸 One・G #PT-2（黒）[TOHO]

その他の色は、丸小ビーズを以下の色に替える
red（中央上）　#45F（マット赤）
metallic pink（左）　#563F（メタリックピンク）
beige（右）　#1201（マーブルピンク）
orange（下）　#2641F（赤茶）

作り方

1　フェルトを型紙に合わせてカットする（P.32）。

2　輪郭を丸小ビーズのバックステッチ（P.34-Ⓐ）で刺す。

3　あいている部分を刺しうめる。

4　ブローチに仕立てる（P.40）。

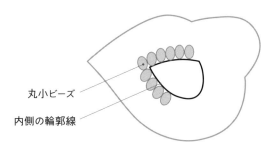

丸小ビーズ
内側の輪郭線

Point

内側の輪郭

内側の輪郭線がしっかりと残るように刺す。線の上に刺してしまうと、黒いフェルトを残す部分が潰れてしまうので注意。

Lipsticks　リップスティック　P.05

材料

light pink（中央下）

丸小ビーズ #1200（薄ピンクマーブル）…約35個 [TOHO]
丸小ビーズ #714（銀）…10個 [TOHO]
丸小ビーズ #49（黒）…約70個 [TOHO]
丸特小ビーズ #714F（マット銀）…約100個 [TOHO]
ブローチ金具 30㎜…1個
Vフェルト 2㎜厚 #2014（黒）[SUNFELT]
糸 One・G #PT-2（黒）[TOHO]

その他の色は、丸小ビーズを以下の色に替える
red（下）　#45F（マット赤）
metallic pink（右下）　#563F（メタリックピンク）
beige（右上）　#1201（マーブルピンク）
orange（左）　#2641F（赤茶）

作り方

1　フェルトを型紙に合わせてカットする（P.32）。
2　輪郭をバックステッチ（P.34-Ⓐ）で刺す。
3　あいている部分を刺しうめる。
4　ブローチに仕立てる（P.40）。

型紙（原寸）

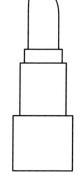

丸小ビーズ
（薄ピンクマーブル）

三角どめ（P.35-Ⓒ）

丸小ビーズ（銀）
下図の向きに刺す

丸特小ビーズ（マット銀）

丸小ビーズ（黒）

コーチングステッチ（P.37-Ⓕ）

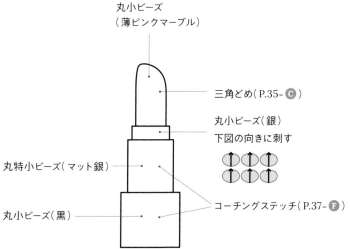

Dogs　いぬ　P.06

Cats　ねこ　P.07

shiba

型紙（原寸）

丸特小ビーズ（黒）

miniature dachshund

丸特小ビーズ（黒）

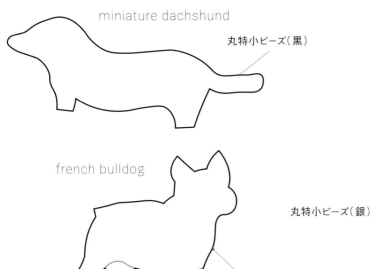

french bulldog

丸特小ビーズ（黒）

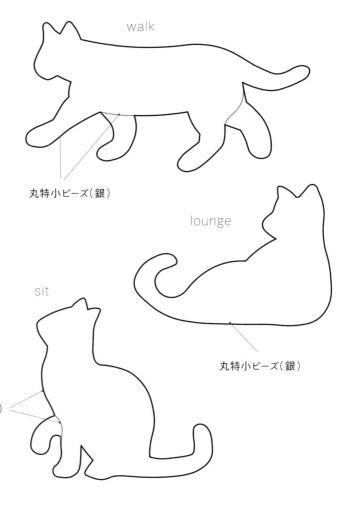

walk

丸特小ビーズ（銀）

lounge

sit

丸特小ビーズ（銀）

丸特小ビーズ（銀）

※図案の ——— 部分は、輪郭線とラインがつながるように刺す

Dogs いぬ

材料

miniature dachshund

丸特小ビーズ #49（黒）…約150個 [TOHO]

丸特小ビーズ #49F（マット黒）

…約380個 [TOHO]

ブローチ金具 25㎜…1個

ハードフェルト #790（黒）[SUNFELT]

糸 One・G #PT-2（黒）[TOHO]

french bulldog

丸特小ビーズ #49（黒）…約200個 [TOHO]

丸特小ビーズ #49F（マット黒）

…約380個 [TOHO]

ブローチ金具 25㎜…1個

ハードフェルト #790（黒）[SUNFELT]

糸 One・G #PT-2（黒）[TOHO]

shiba

丸特小ビーズ #49（黒）…約180個 [TOHO]

丸特小ビーズ #49F（マット黒）

…約500個 [TOHO]

ブローチ金具 25㎜…1個

ハードフェルト #790（黒）[SUNFELT]

糸 One・G #PT-2（黒）[TOHO]

作り方

1 フェルトを型紙に合わせてカットする（P.32）。

2 輪郭を丸特小ビーズ（黒）のバックステッチ（P.34-Ⓐ）で刺す。

細かい部分は通常のバックステッチで、

ラインのゆるやかな部分は（P.35-Ⓑ）で刺すとよい。

3 あいている部分を丸特小ビーズ（マット黒）の

三角どめ（P.35-Ⓒ）で刺しうめる。

4 ブローチに仕立てる（P.40）。

Point

ビーズの表面加工

ビーズの色番号についている「F」は、「Frosted＝つや消し加工」の略を表しています。つまり#49と#49Fは元の色は同じ色ですが、表面加工の違いにより異なる表情をしているということです。元が同じ色の素材だけあり、相性はぴったりです。

Cats ねこ

材料

walk

丸特小ビーズ #714（銀）…約240個 [TOHO]

丸特小ビーズ #714F（マット銀）

…約520個 [TOHO]

ブローチ金具 25㎜…1個

ハードフェルト #790（黒）[SUNFELT]

糸 One・G #PT-2（黒）[TOHO]

lounge

丸特小ビーズ #714（銀）…約140個 [TOHO]

丸特小ビーズ #714F（マット銀）

…約400個 [TOHO]

ブローチ金具 25㎜…1個

ハードフェルト #790（黒）[SUNFELT]

糸 One・G #PT-2（黒）[TOHO]

sit

丸特小ビーズ #714（銀）…約170個 [TOHO]

丸特小ビーズ #714F（マット銀）

…約430個 [TOHO]

ブローチ金具 25㎜…1個

ハードフェルト #790（黒）[SUNFELT]

糸 One・G #PT-2（黒）[TOHO]

作り方

1　フェルトを型紙に合わせてカットする（P.32）。

2　輪郭を丸特小ビーズ（銀）のバックステッチ（P.34- Ⓐ ）で刺す。

　　細かい部分は通常のバックステッチで、

　　ラインのゆるやかな部分は（P.35- Ⓑ ）で刺すとよい。

3　あいている部分を丸特小ビーズ（マット銀）の

　　三角どめ（P.35- Ⓒ ）で刺しうめる。

4　ブローチに仕立てる（P.40）。

Point

同系色ビーズのコントラスト

輪郭と内側は同系色のビーズですが、キラッと光るタイプとマットなものを組み合わせることでコントラストが生まれ、輪郭線がはっきりとします。
形が少し複雑なので、ビーズは小さめの丸特小ビーズを使いました。
ご自身の好みの色やビーズで作る際の参考にしてみてください。

Borsalino hats ボルサリーノハット P.21

材料

red

丸小ビーズ #2609（赤茶）…約280個 [TOHO]

[リボン用] 丸小ビーズ #2113（クリア赤）
…約50個 [TOHO]

丸特小ビーズ #49（黒）…約180個 [TOHO]

ブローチ金具 30㎜…1個

Vフェルト 2㎜厚 #2014（黒）[SUNFELT]

糸 One・G #PT-2（黒）[TOHO]

gray

丸小ビーズ #81（グレー）…約280個 [TOHO]

[リボン用] 丸小ビーズ #512F（薄緑）
…約50個 [TOHO]

丸特小ビーズ #49（黒）…約180個 [TOHO]

ブローチ金具 30㎜…1個

Vフェルト 2㎜厚 #2014（黒）[SUNFELT]

糸 One・G #PT-2（黒）[TOHO]

white

丸小ビーズ #761（白）…約280個 [TOHO]

[リボン用] 丸小ビーズ #49（黒）…約50個 [TOHO]

丸特小ビーズ #49（黒）…約180個 [TOHO]

ブローチ金具 30㎜…1個

Vフェルト 2㎜厚 #2014（黒）[SUNFELT]

糸 One・G #PT-2（黒）[TOHO]

作り方

1. フェルトを型紙に合わせてカットする（P.32）。
2. 輪郭と内側の図案線を丸特小ビーズの
   バックステッチ（P.34-Ⓐ）で刺す。
3. 内側を三角どめ（P.35-Ⓒ）と
   バックステッチで刺しうめる。
4. ブローチに仕立てる（P.40）。

型紙（原寸）

[リボン用] 丸小ビーズ　　　丸小ビーズ

三角どめ　　丸特小ビーズ　　バックステッチ

※図案の ──── 部分は、
輪郭線とラインがつながるように刺す

49

Orangettes オランジェット　P.08

型紙(原寸)

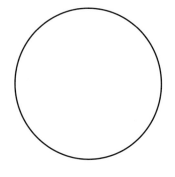

材料

orange

丸小ビーズ #303(オレンジ)… 約110個 [TOHO]
丸小ビーズ #762(生成り)… 約110個 [TOHO]
丸小ビーズ #750(こげ茶)… 約160個 [TOHO]
ブローチ金具 25㎜…1個
Vフェルト 2㎜厚 #2004(ベージュ) [SUNFELT]
糸 One・G #PT-4(ベージュ) [TOHO]

lemon

丸小ビーズ #983(黄)… 約110 [TOHO]
丸小ビーズ #762(生成り)… 約110個 [TOHO]
丸小ビーズ #750(こげ茶)… 約160個 [TOHO]
ブローチ金具 25㎜…1個
Vフェルト 2㎜厚 #2004(ベージュ) [SUNFELT]
糸 One・G #PT-4(ベージュ) [TOHO]

作り方

1 フェルトを型紙に合わせてカットする(P.32)。

2 フェルトに**図1**のように補助線を描く。

3 チョコレート部分を丸小ビーズ(こげ茶)で刺す。
　　 輪郭をバックステッチ(P.34-**Ⓐ**)で刺してから、内側を三角どめ(P.35-**Ⓒ**)で刺す。

4 オレンジorレモン部分を刺す。輪郭を丸小ビーズ(オレンジor黄)のバックステッチで刺し、
　　 その内側2周を丸小ビーズ(生成り)のバックステッチで刺す。

5 放射状の線を丸小ビーズ(生成り)のバックステッチで刺す。

6 あいている部分を丸小ビーズ(オレンジor黄)のバックステッチで刺しうめる(**図2**)。

7 ブローチに仕立てる(P.40)。

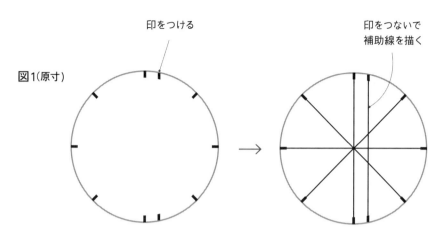

図1（原寸）

印をつける

印をつないで
補助線を描く

印をつけてから定規でまっすぐの補助線を描くことで、きれいに仕上がる

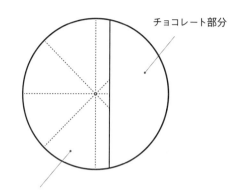

チョコレート部分

オレンジ
or レモン部分

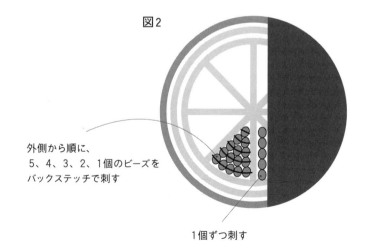

図2

外側から順に、
5、4、3、2、1個のビーズを
バックステッチで刺す

1個ずつ刺す

Point

線をきれいに

少しの歪みやズレは手作りならではの愛すべき味ですが、きれいに
仕上げたいときはビーズを詰めすぎないように気をつけましょう。
特にこの作品は直線が目立ちます。ビーズを詰めすぎると、せっか
くまっすぐ刺したラインが後から崩れてしまうので注意しましょう。

Half-cut Veggies ハーフカットベジタブル　P.09

型紙（原寸）

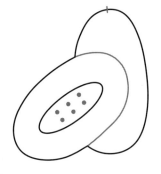

材料

tomato

丸小ビーズ #45F（マット赤）… 約200個 [TOHO]

丸小ビーズ #25C（クリア赤）… 約40個 [TOHO]

丸小ビーズ #PF558F（生成り）… 6個 [TOHO]

丸小ビーズ #710（緑）… 13個 [TOHO]

ブローチ金具 25mm … 1個

Vフェルト 2mm厚 #2014（黒）[SUNFELT]

糸 One・G #PT-2（黒）[TOHO]

作り方

1　フェルトを型紙に合わせてカットする（P.32）。

2　輪郭を丸小ビーズ（マット赤）の
　　バックステッチ（P.34-Ⓐ）で刺す。

3　種を丸小ビーズ（生成り）で刺す。

4　あいている部分を刺しうめる。

5　ヘタを、図1を参照して刺す。

6　ブローチに仕立てる（P.40）。

図1

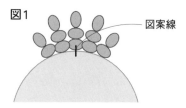

図案線

フェルトの側面に刺す（P.39-Ⓚ）
図案線を中心に、上図の数になるよう
丸小ビーズ（緑）を同じビーズでとめる

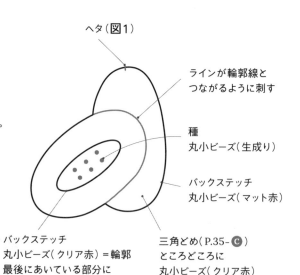

ヘタ（図1）

ラインが輪郭線と
つながるように刺す

種
丸小ビーズ（生成り）

バックステッチ
丸小ビーズ（マット赤）

バックステッチ
丸小ビーズ（クリア赤）＝輪郭
最後にあいている部分に
丸小ビーズ（クリア赤）を刺す

三角どめ（P.35-Ⓒ）
ところどころに
丸小ビーズ（クリア赤）
を入れる

材料

avocado

丸小ビーズ #618（茶）… 約150個 [TOHO]

丸小ビーズ #710（緑）… 約50個 [TOHO]

丸小ビーズ #2600F（黄緑）… 約45個 [TOHO]

丸小ビーズ #559F（薄黄）… 約45個 [TOHO]

丸特小ビーズ #278（クリア茶）… 約140個 [TOHO]

ブローチ金具 30㎜… 1個

Ｖフェルト 2㎜厚 #2014（黒）[SUNFELT]

糸 One・G #PT-2（黒）[TOHO]

作り方

1 フェルトを型紙に合わせてカットする（P.32）。

2 輪郭を丸小ビーズ（茶）の
バックステッチ（P.34-Ⓐ）で刺す。
種の輪郭も同様に刺す。

3 あいている部分を刺しうめる。

4 ヘタを、図1を参照して刺す。

5 ブローチに仕立てる（P.40）。

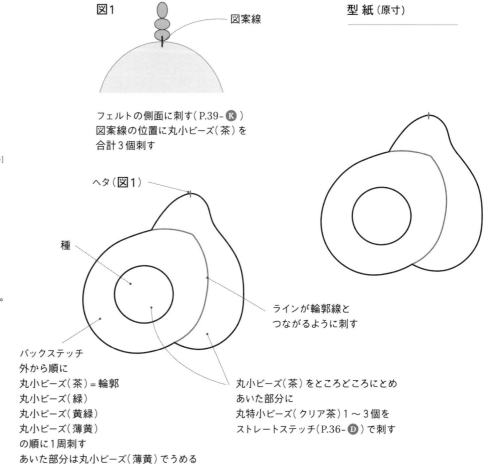

図1

図案線

フェルトの側面に刺す（P.39-Ⓚ）
図案線の位置に丸小ビーズ（茶）を
合計3個刺す

ヘタ（図1）

種

ラインが輪郭線と
つながるように刺す

バックステッチ
外から順に
丸小ビーズ（茶）＝輪郭
丸小ビーズ（緑）
丸小ビーズ（黄緑）
丸小ビーズ（薄黄）
の順に1周刺す
あいた部分は丸小ビーズ（薄黄）でうめる

丸小ビーズ（茶）をところどころにとめ
あいた部分に
丸特小ビーズ（クリア茶）1～3個を
ストレートステッチ（P.36-Ⓓ）で刺す

型紙（原寸）

Musical Instruments 楽器　P.10

型紙（原寸）

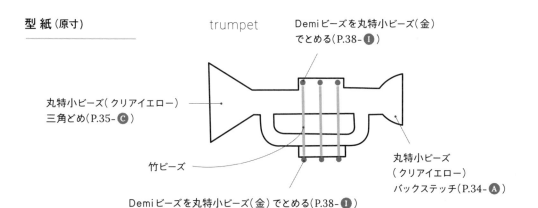

trumpet

Demiビーズを丸特小ビーズ（金）
でとめる（P.38- Ⅰ）

丸特小ビーズ（クリアイエロー）
三角どめ（P.35- C ）

竹ビーズ

丸特小ビーズ
（クリアイエロー）
バックステッチ（P.34- A ）

Demiビーズを丸特小ビーズ（金）でとめる（P.38- Ⅰ）
針をP.39- J 同様に先に刺した竹ビーズから出し
Demiビーズがフェルトに対し垂直に立つようにとめる

Point

角をきれいに

楽器の複雑な形状を表現するために、角
部分は一度針をとめましょう。P.34- A
-10,11 を参照してください。

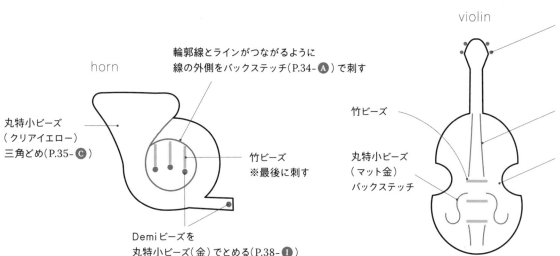

horn

輪郭線とラインがつながるように
線の外側をバックステッチ（P.34- A ）で刺す

丸特小ビーズ
（クリアイエロー）
三角どめ（P.35- C ）

竹ビーズ
※最後に刺す

Demiビーズを
丸特小ビーズ（金）でとめる（P.38- Ⅰ）

violin

Demiビーズを丸特小ビーズ（金）で
とめる（P.38- Ⅰ）
P.39- K 同様に
フェルトの側面から針を出す

竹ビーズ

丸特小ビーズ
（マット金）
バックステッチ

輪郭線とラインがつながるように
バックステッチ（P.34- A ）で刺す

丸特小ビーズ（クリアイエロー）
輪郭の内側を1周
バックステッチで刺し
さらに内側を
三角どめ（P.35- C ）

材料

trumpet

丸特小ビーズ #22F（クリアイエロー）…約120個 [TOHO]
丸特小ビーズ #712F（マット金）…約190個 [TOHO]
丸特小ビーズ #557（金）…6個 [TOHO]
Demi丸大ビーズ #PF557（ゴールド）…6個 [TOHO]
二分竹ビーズ #22F（クリアイエロー）…9個 [TOHO]
ブローチ金具 30㎜…1個
ハードフェルト #790（黒）[SUNFELT]
糸 One・G #PT-2（黒）[TOHO]

horn

丸特小ビーズ #22F（クリアイエロー）…約160個 [TOHO]
丸特小ビーズ #712F（マット金）…約150個 [TOHO]
丸特小ビーズ #557（金）…4個 [TOHO]
Demi丸大ビーズ #PF557（ゴールド）…4個 [TOHO]
二分竹ビーズ #22F（クリアイエロー）…3個 [TOHO]
ブローチ金具 30㎜…1個
ハードフェルト #790（黒）[SUNFELT]
糸 One・G #PT-2（黒）[TOHO]

violin

丸特小ビーズ #22F（クリアイエロー）…約200個
[TOHO]
丸特小ビーズ #712F（マット金）…約180個 [TOHO]
丸特小ビーズ #557（金）…4個 [TOHO]
Demi丸大ビーズ #PF557（ゴールド）…4個 [TOHO]
二分竹ビーズ #22F（クリアイエロー）…3個 [TOHO]
ブローチ金具 30㎜…1個
ハードフェルト #790（黒）[SUNFELT]
糸 One・G #PT-2（黒）[TOHO]

作り方

1 フェルトを型紙に合わせてカットする（P.32）。

2 竹ビーズを刺す。

3 輪郭を丸特小ビーズ（マット金）の2個ずつ刺すバックステッチ（P.35-**B**）で刺す。
細かい部分は通常のバックステッチで刺す。

4 あいている部分を丸特小ビーズ（クリアイエロー）で刺しうめる。

5 Demiビーズをとめる。

6 ブローチに仕立てる（P.40）。

Corals　サンゴ　P.12

型紙（原寸）

※この作品は先にフェルトを
カットせず刺繍をする

材料

white

丸小ビーズ #41（白）… 約190個 [TOHO]
丸特小ビーズ #49（黒）… 約230個 [TOHO]
二分竹ビーズ #41（白）… 21個 [TOHO]
クリスタルパール 8 mm（イラデサントダヴグレー）
… 1 個
丸カン 5 mm（金古美）… 1 個
Tピン（金古美）… 1 本
ブローチ金具 30 mm… 1 個
ハードフェルト #701（白）[SUNFELT]
糸 One・G #PT-4（ベージュ）[TOHO]

red

丸小ビーズ #45（赤）… 約190個 [TOHO]
丸特小ビーズ #49（黒）… 約230個 [TOHO]
二分竹ビーズ #45（赤）… 21個 [TOHO]
クリスタルパール 8 mm（ルージュ）… 1 個
丸カン 5 mm（金古美）… 1 個
Tピン（金古美）… 1 本
ブローチ金具 30 mm… 1 個
ハードフェルト #701（白）[SUNFELT]
糸 One・G #PT-4（ベージュ）[TOHO]

作り方

1 図案の位置に竹ビーズをバックステッチ（P.34-Ⓐ）で刺す。
その竹ビーズを基準にして、周りに丸ビーズを刺す。

2 フェルトを丸特小ビーズの外側でカットし、裏に丸カンを縫いとめる（P.41）。
刺繍した糸を切らないように注意。

3 裏面になるフェルトを表面と同寸にカットし、ブローチに仕立てる（P.40）。

4 パールをTピンどめし（P.41）、丸カンにつなぐ。

P.12 の写真を参考に、ブロックごとに刺す。

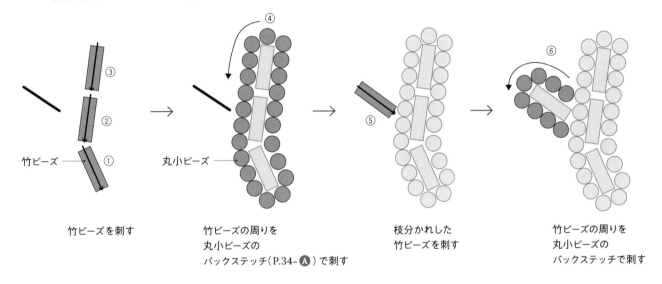

③

②

竹ビーズ ①

竹ビーズを刺す

④

丸小ビーズ

竹ビーズの周りを
丸小ビーズの
バックステッチ（P.34-Ⓐ）で刺す

⑤

枝分かれした
竹ビーズを刺す

⑥

竹ビーズの周りを
丸小ビーズの
バックステッチで刺す

上記を繰り返してすべての竹ビーズと丸小ビーズを刺す。そのあとに輪郭の丸特小ビーズのバックステッチを刺す

Point

クリスタルパールとは

現在「KIWA CRYSTAL」という名前で販売されています。さまざまな種類が市販されているパール
の中でも、特に高級感がありおすすめです。複雑な色味も多く、作品のアクセントになります。

Jellyfish クラゲ P.13

型紙(原寸)

材料

gray

丸小ビーズ #820(グレー)…約120個 [TOHO]
丸小ビーズ #261(クリアグレー)…約120個 [TOHO]
丸特小ビーズ #714F(マット銀)…約300個 [TOHO]
一分竹ビーズ #29(シルバー)…約65個 [TOHO]
銅玉5mm(ロジウム)…1個
ブローチ金具 30mm…1個
Vフェルト 2mm厚 #2014(黒)[SUNFELT]
糸 One・G #PT-2(黒)[TOHO]

light blue

丸小ビーズ #1205(水色)…約120個 [TOHO]
丸小ビーズ #33F(クリア青)…約120個 [TOHO]
丸特小ビーズ #933(クリア水色)…約300個 [TOHO]
一分竹ビーズ #112(シルバー)…約65個 [TOHO]
銅玉5mm(ロジウム)…1個
ブローチ金具 30mm…1個
Vフェルト 2mm厚 #2014(黒)[SUNFELT]
糸 One・G #PT-2(黒)[TOHO]

navy

丸小ビーズ #2636F(青)…約120個 [TOHO]
丸小ビーズ #2607F(紺)…約120個 [TOHO]
丸特小ビーズ #49(黒)…約300個 [TOHO]
一分竹ビーズ #28(メタリック青)
…約65個 [TOHO]
銅玉5mm(ロジウム)…1個
ブローチ金具 30mm…1個
Vフェルト 2mm厚 #2014(黒)[SUNFELT]
糸 One・G #PT-2(黒)[TOHO]

作り方

1 フェルトを型紙に合わせてカットする(P.32)。

2 図1のように、輪郭を刺す。

3 図2のように内側を刺しうめ、フリンジを作る。

4 ブローチに仕立てる(P.40)。

図1　グレー部分の輪郭を
　　　丸小ビーズ (グレー or 水色 or 紺) の
　　　バックステッチ (P.34- **A**) で刺す

図2　下記のビーズを使い、左右対称に刺す。

gray	light blue	navy
丸小ビーズ (グレー)	丸小ビーズ (水色)	丸小ビーズ (紺)
丸小ビーズ (クリアグレー)	丸小ビーズ (クリア青)	丸小ビーズ (青)
一分竹ビーズと丸特小ビーズを交互に	一分竹ビーズと丸特小ビーズを交互に	一分竹ビーズと丸特小ビーズを交互に
丸特小ビーズ	丸特小ビーズ	丸特小ビーズ

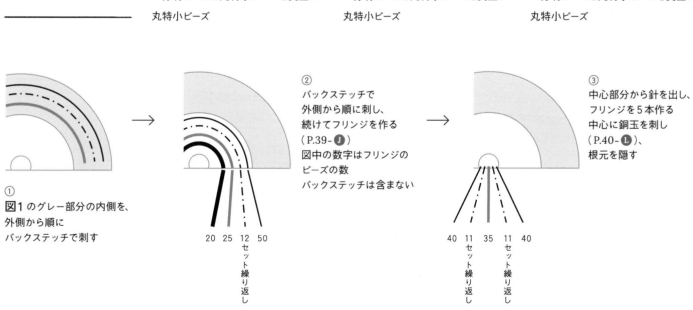

①
図1 のグレー部分の内側を、
外側から順に
バックステッチで刺す

②
バックステッチで
外側から順に刺し、
続けてフリンジを作る
(P.39- **J**)
図中の数字はフリンジの
ビーズの数
バックステッチは含まない

20　25　12　50
セット繰り返し

③
中心部分から針を出し、
フリンジを5本作る
中心に銅玉を刺し
(P.40- **L**)、
根元を隠す

40　11　35　11　40
セット繰り返し

Rabbits うさぎ P.14

型紙（原寸）

耳のライン

チェコビーズ（目）

フライステッチ（鼻・口）

材料

white

丸特小ビーズ #2100（白）… 約380個 [TOHO]
丸特小ビーズ #278（茶）… 約60個 [TOHO]
丸特小ビーズ #49（黒）… 7個 [TOHO]
チェコビーズ 3mm（黒）… 2個
ブローチ金具 25mm… 1個
Vフェルト 2mm厚 #2014（黒）[SUNFELT]
糸 One・G #PT-2（黒）[TOHO]

brown

丸特小ビーズ #278（茶）… 約380個 [TOHO]
丸特小ビーズ #2100（白）… 約60個 [TOHO]
丸特小ビーズ #49（黒）… 7個 [TOHO]
チェコビーズ 3mm（黒）… 2個
ブローチ金具 25mm… 1個
Vフェルト 2mm厚 #2014（黒）[SUNFELT]
糸 One・G #PT-2（黒）[TOHO]

作り方（white）

※brown は丸特小ビーズ（白）→（茶）、（茶）→（白）に替えて作る。

1 フェルトを型紙に合わせてカットし、目・鼻・口の印をつける（P.32）。

2 輪郭と耳のラインを丸特小ビーズ（白）のバックステッチ（P.35-**B**）で刺す。
　耳の先端など細かい部分は、通常のバックステッチ（P.34-**A**）のほうがきれいに仕上がる。
　とがった部分は一度針をとめる（P.34-**10,11,Point**）。

3 チェコビーズを刺す。3回針を通す（P.40-**L**）。

4 鼻・口をフライステッチで刺す（**図1**）。

5 耳の内側をストレートステッチで刺す（**図2**）。

6 あいている部分を刺しうめる（**図3**）。

7 ブローチに仕立てる（P.40）。

図1

丸特小ビーズ（黒）

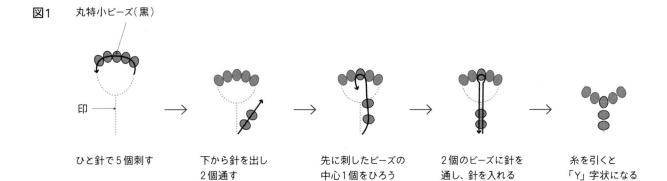

ひと針で5個刺す → 下から針を出し2個通す → 先に刺したビーズの中心1個をひろう → 2個のビーズに針を通し、針を入れる → 糸を引くと「Y」字状になる

印

図2

丸特小ビーズ（茶）
5個のストレートステッチ
（P.36- D ）

ストレートステッチ
6回で刺しうめる
ビーズ同士が
重なってもよい

図3

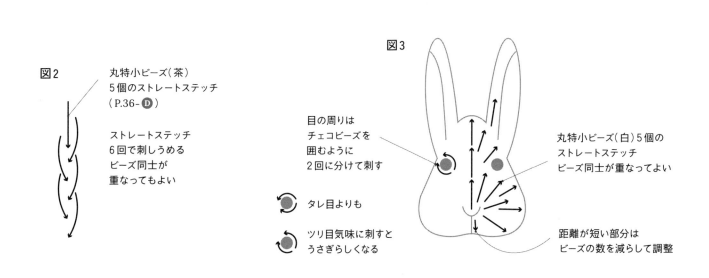

目の周りは
チェコビーズを
囲むように
2回に分けて刺す

タレ目よりも

ツリ目気味に刺すと
うさぎらしくなる

丸特小ビーズ（白）5個の
ストレートステッチ
ビーズ同士が重なってよい

距離が短い部分は
ビーズの数を減らして調整

Toy poodles トイプードル P.15

型紙（原寸）

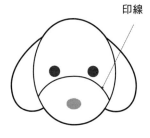

印線

● = チェコビーズ 4 × 3 ㎜

● = チェコビーズ 3 ㎜

材料

white

丸小ビーズ #121（白）… 約240個 [TOHO]
チェコビーズ 4 × 3 ㎜（黒）… 1 個
チェコビーズ 3 ㎜（黒）… 2 個
ブローチ金具 25 ㎜ … 1 個
V フェルト 2 ㎜厚 #2001（白）[SUNFELT]
糸 One・G #PT-1（白）[TOHO]

brown

丸小ビーズ #278（茶）… 約240個 [TOHO]
チェコビーズ 4 × 3 ㎜（黒）… 1 個
チェコビーズ 3 ㎜（黒）… 2 個
ブローチ金具 25 ㎜ … 1 個
V フェルト 2 ㎜厚 #2004（ベージュ）[SUNFELT]
糸 One・G #PT-4（ベージュ）[TOHO]

gray

丸小ビーズ #261（グレー）… 約240個 [TOHO]
チェコビーズ 4 × 3 ㎜（黒）… 1 個
チェコビーズ 3 ㎜（黒）… 2 個
ブローチ金具 25 ㎜ … 1 個
V フェルト 2 ㎜厚 #2003（グレー）[SUNFELT]
糸 One・G #PT-3（グレー）[TOHO]

black

丸小ビーズ #344（ガンメタ）… 約240個 [TOHO]
チェコビーズ 4 × 3 ㎜（黒）… 1 個
チェコビーズ 3 ㎜（黒）… 2 個
ブローチ金具 25 ㎜ … 1 個
V フェルト 2 ㎜厚 #2014（黒）[SUNFELT]
糸 One・G #PT-2（黒）[TOHO]

作 り 方

1 フェルトを型紙に合わせてカットし、目・鼻の印をつける（P.32）。

2 鼻上の印線を、丸小ビーズのバックステッチ（P.34-**Ⓐ**）で刺す。

3 図1のように耳を刺す。

4 チェコビーズを刺す。3回針を通す（P.40-**Ⓛ**）。

5 図2のように鼻の周りを刺す。

6 あいている部分を図3で刺しうめる。

7 ブローチに仕立てる（P.40）。

図1　すべて丸小ビーズの
ストレートステッチ（P.36-**Ⓓ**）で
外から内へ、順に刺す

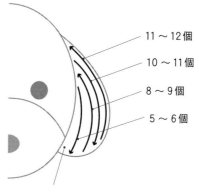

11～12個

10～11個

8～9個

5～6個

スペースがあいていたら、さらに刺す

図2

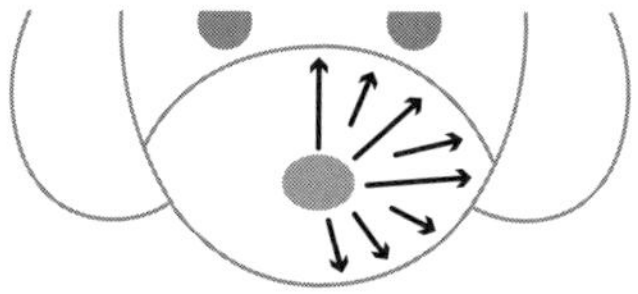

丸小ビーズ2～5個の
ストレートステッチを
鼻を中心に放射状に刺す

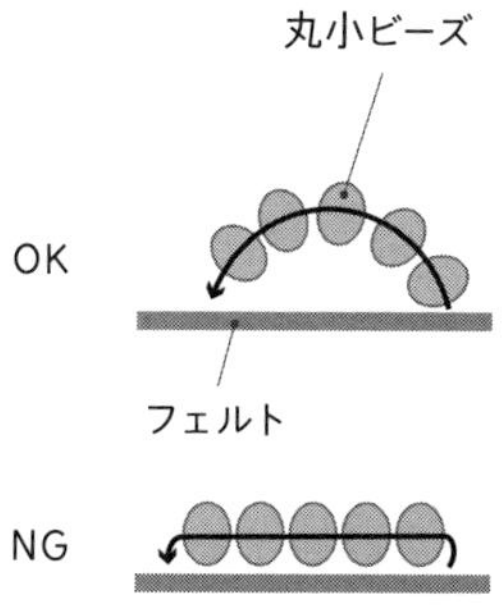

丸小ビーズ

OK

フェルト

NG

ビーズが浮くように
短めの針目で刺す
（P.36-**Ⓓ** Point 1）

図3　丸小ビーズ

フェルト

丸小ビーズ3個の
ストレートステッチを、
中心のビーズが浮くように
短めの針目で刺す
（P.36-**Ⓓ** Point 1）

Diagram 幾何学模様 P.16

型紙 (原寸)

square

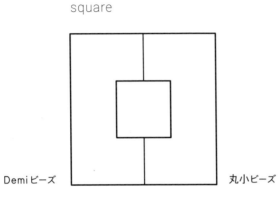

Demi ビーズ　　　　丸小ビーズ

triangle

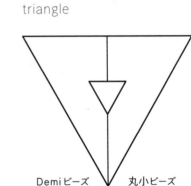

Demi ビーズ　　丸小ビーズ

circle

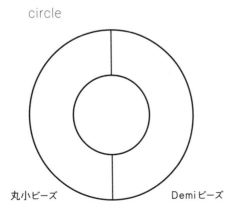

丸小ビーズ　　　　Demi ビーズ

Point

デミビーズ

丸小や丸大ビーズと同じ直径で、薄型のビーズです。丸小・丸大ビーズのような「球」に近い形ではなく、小さなリング型といった印象で、アクセサリーのスペーサーとしても使われます。

材 料

square

丸小ビーズ #561F（水色）… 約210個 [TOHO]

丸特小ビーズ #2100（クリア）… 約90個 [TOHO]

Demi 丸大ビーズ #PF558（シルバー）… 約90個 [TOHO]

ブローチ金具 30㎜ … 1個

ハードフェルト #701（白）[SUNFELT]

糸 One・G #PT-4（ベージュ）[TOHO]

triangle

丸小ビーズ #2600F（黄緑）… 約140個 [TOHO]

丸特小ビーズ #2100（クリア）… 約60個 [TOHO]

Demi 丸大ビーズ #PF557（ゴールド）… 約60個 [TOHO]

ブローチ金具 30㎜ … 1個

ハードフェルト #701（白）[SUNFELT]

糸 One・G #PT-4（ベージュ）[TOHO]

circle

丸小ビーズ #563F（ピンク）… 約180個 [TOHO]

丸特小ビーズ #2100（クリア）… 約75個 [TOHO]

Demi 丸大ビーズ #981F（クリアマット）

… 約75個 [TOHO]

ブローチ金具 30㎜ … 1個

ハードフェルト #701（白）[SUNFELT]

糸 One・G #PT-4（ベージュ）[TOHO]

作 り 方

1 フェルトを型紙に合わせてカットする（P.32）。

2 丸小ビーズをバックステッチ（P.34-Ⓐ）で刺す。

　輪郭は通常のバックステッチで、内側は（P.35-Ⓑ）で刺すと早く刺すことができる。

3 Demi ビーズを丸特小ビーズでとめる（P.38-Ⓘ）。

4 ブローチに仕立てる（P.40）。

Mackerel pike さんま P.18

型紙(原寸)

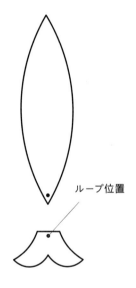

ループ位置

材料

navy

丸特小ビーズ #933（クリア水色）…約80個 [TOHO]

[目用] 丸特小ビーズ #49（黒）…1個 [TOHO]

二分竹ビーズ #705（紺）…16個 [TOHO]

スパンコール 3㎜平 #11（オーロラ）…約75枚 [Sea Horse]

[目用] スパンコール 3㎜平 #40（シルバー）

…1枚 [Sea Horse]

丸カン 5㎜（ロジウム）…1個

ブローチ金具 30㎜…1個

ハードフェルト #790（黒）[SUNFELT]

糸 One・G #PT-2（黒）[TOHO]

糸 One・G #PT-4（ベージュ）[TOHO]

light blue

丸特小ビーズ #933（クリア水色）…約80個 [TOHO]

[目用] 丸特小ビーズ #49（黒）…1個 [TOHO]

二分竹ビーズ #1483（シルクグレー）…16個 [TOHO]

スパンコール 3㎜平 #45（水色）…約75枚 [Sea Horse]

[目用] スパンコール 3㎜平 #40（シルバー）

…1枚 [Sea Horse]

丸カン 5㎜（ロジウム）…1個

ブローチ金具 30㎜…1個

ハードフェルト #790（黒）[SUNFELT]

糸 One・G #PT-2（黒）[TOHO]

糸 One・G #PT-4（ベージュ）[TOHO]

※スパンコールは糸（ベージュ）で、そのほかはすべて糸（黒）で刺す

作り方

1 フェルトを型紙に合わせてカットする（P.32）。

2 図1のように本体を刺す。

3 図2のように尾びれを刺す。

4 本体をブローチに仕立てる（P.40）。尾びれはブローチ金具はつけずに、裏に同寸のフェルトを貼る。

5 本体と尾びれにループを作る（図3）。

6 丸カンでループ同士をつなぐ。

図1　上から順に一段ずつ刺す
　　　図案線を写して刺すのではなく、先に刺したビーズに沿うように刺す
　　　目部分は、すべてのビーズを刺したあとに、先に刺したビーズにのせるように刺す

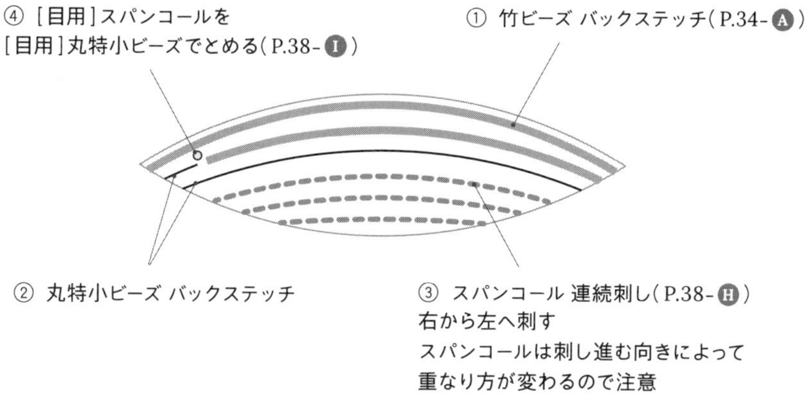

④［目用］スパンコールを
［目用］丸特小ビーズでとめる（P.38-Ⓘ）

① 竹ビーズ バックステッチ（P.34-Ⓐ）

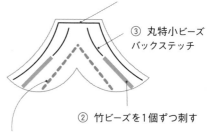

② 丸特小ビーズ バックステッチ

③ スパンコール 連続刺し（P.38-Ⓗ）
右から左へ刺す
スパンコールは刺し進む向きによって
重なり方が変わるので注意

図2　外側から順に刺す
　　　図案線を写して刺すのではなく
　　　先に刺したビーズに沿うように刺す

① 丸特小ビーズ バックステッチ

③ 丸特小ビーズ
バックステッチ

② 竹ビーズを1個ずつ刺す

④ スパンコール 連続刺し
下から上へ刺す

図3　フェルトに対して垂直に
　　　丸特小ビーズ6個でループを作る
　　　針は2回通す

丸特小ビーズ

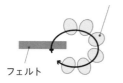

フェルト

Hedgehogs ハリネズミ P.20

型紙（原寸）

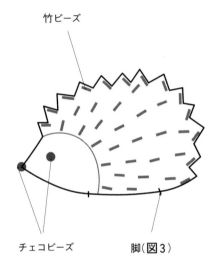

竹ビーズ

チェコビーズ

脚（図3）

材料

gray

丸小ビーズ #762（クリーム）… 約85個 [TOHO]
丸特小ビーズ #376（クリアグレー）… 約140個 [TOHO]
一分竹ビーズ #613（グレー）… 約45個 [TOHO]
チェコビーズ3㎜（黒）… 2個
ブローチ金具30㎜… 1個
Vフェルト2㎜厚 #2016（グレー）[SUNFELT]
糸 One・G #PT-4（ベージュ）[TOHO]

blue

丸小ビーズ #762（クリーム）… 約85個 [TOHO]
丸特小ビーズ #55（水色）… 約140個 [TOHO]
一分竹ビーズ #721（メタルグレー）… 約45個 [TOHO]
チェコビーズ3㎜（黒）… 2個
ブローチ金具30㎜… 1個
Vフェルト2㎜厚 #2019（水色）[SUNFELT]
糸 One・G #PT-4（ベージュ）[TOHO]

yellow

丸小ビーズ #762（クリーム）… 約85個 [TOHO]
丸特小ビーズ #51（エクリュ）… 約140個 [TOHO]
一分竹ビーズ #42（黄）… 約45個 [TOHO]
チェコビーズ3㎜（黒）… 2個
ブローチ金具30㎜… 1個
Vフェルト2㎜厚 #2116（黄）[SUNFELT]
糸 One・G #PT-4（ベージュ）[TOHO]

作り方

1 フェルトを型紙に合わせてカットする（P.32）。

2 顔部分の輪郭を丸小ビーズのバックステッチ（P.34-）で刺す。
　途中で鼻のチェコビーズを刺す。

3 顔の内側を丸小ビーズの三角どめ（P.35-ⓒ）で刺しうめる。

4 目のチェコビーズは、**3**の上に乗るように刺す。

5 体の外周を竹ビーズと丸特小ビーズで刺す（図1）。

6 体の内側の竹ビーズを刺す（図2）。

7 **6**の竹ビーズに沿うように、丸特小ビーズをストレートステッチで刺す（図3）。

8 脚を刺す（図4）。

9 ブローチに仕立てる（P.40）。

図1

背中のトゲトゲ部分は、竹ビーズと丸特小ビーズを交互に刺す
内側から先端に向かって、ストレートステッチ（P.36-ⓓ）をする
距離が長い部分は、丸特小ビーズを4個に増やして調整する
お腹側は、丸特小ビーズのバックステッチ

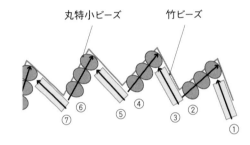

丸特小ビーズ　　竹ビーズ

図2

竹ビーズの位置はあくまで目安
顔に近い側から刺しはじめ
1列刺す→次の列の竹ビーズ位置を
チャコペンで描く
を繰り返すとバランスよく刺せる

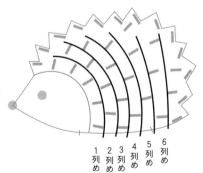

1列め　2列め　3列め　4列め　5列め　6列め

図3　丸特小ビーズ

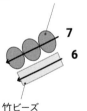

7
6

竹ビーズ

図案を参考に竹ビーズを刺し
それに沿うようにひと針で
丸特小ビーズ3個を刺す

図4

図案線

フェルトの側面に刺す（P.39-ⓚ）
図案線の位置に丸小ビーズを
合計4個刺す

Halloween ハロウィーン P.24

型紙 (原寸)

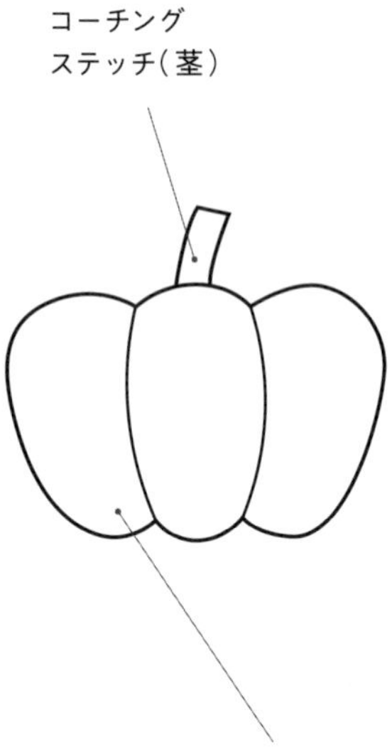

コーチング
ステッチ (茎)

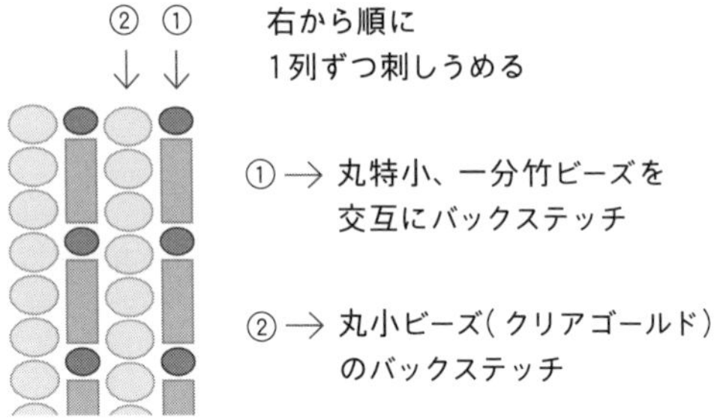

材料

pumpkin gold

丸小ビーズ #715 (金)… 約90個 [TOHO]

丸小ビーズ #22 (クリアゴールド)… 約80個 [TOHO]

丸特小ビーズ #2110 (ゴールド)… 約20個 [TOHO]

一分竹ビーズ #22F (クリアゴールド)… 6個 [TOHO]

クリスタルパール 4mm (パウダーアーモンド)… 5個

クリスタルパール 3mm (パウダーアーモンド)… 9個

ブローチ金具 25mm… 1個

V フェルト 2mm厚 #2014 (黒) [SUNFELT]

糸 One・G #PT-2 (黒) [TOHO]

pumpkin silver

丸小ビーズ #713 (銀)… 約90個 [TOHO]

丸小ビーズ #21 (クリアシルバー)… 約80個 [TOHO]

丸特小ビーズ #2100 (白)… 約20個 [TOHO]

一分竹ビーズ #21F (クリアシルバー)… 6個 [TOHO]

クリスタルパール 4mm (イラデサントダヴグレー)… 5個

クリスタルパール 3mm (イラデサントダヴグレー)… 9個

ブローチ金具 25mm… 1個

V フェルト 2mm厚 #2014 (黒) [SUNFELT]

糸 One・G #PT-2 (黒) [TOHO]

図1

② ①
↓ ↓

右から順に
1列ずつ刺しうめる

① → 丸特小、一分竹ビーズを
交互にバックステッチ

② → 丸小ビーズ (クリアゴールド)
のバックステッチ

作り方 (gold)

※silver は丸小ビーズ (金)→(銀)、
(クリアゴールド)→(クリアシルバー)に替えて作る。

1　フェルトを型紙に合わせてカットする (P.32)。

2　輪郭を丸小ビーズ (金)のバックステッチ (P.34-Ⓐ)で刺す。

3　右区画は、パールをランダムに配置して刺しうめる。

4　中心区画は、丸小ビーズ (クリアゴールド)三角どめ (P.35-Ⓒ)。

5　左区画は図1のように刺す。あいている部分は丸特小ビーズを刺す。

6　ブローチに仕立てる (P.40)。

材料

hat gold

丸小ビーズ #715（金）…約100個 [TOHO]
丸特小ビーズ #2110（ゴールド）…約25個 [TOHO]
一分竹ビーズ #22F（クリアゴールド）… 約25個 [TOHO]
クリスタルパール 6㎜（パウダーアーモンド）…1個
チェーン（ゴールド）…約2㎝
Tピン（ゴールド）…1個
丸カン 5㎜（ゴールド）…1個
ブローチ金具 25㎜…1個
Vフェルト 2㎜厚 #2014（黒）[SUNFELT]
糸 One・G #PT-2（黒）[TOHO]

hat silver

丸小ビーズ #713（銀）…約100個 [TOHO]
丸特小ビーズ #2100（白）…約25個 [TOHO]
一分竹ビーズ #21F（クリアシルバー）… 約25個 [TOHO]
クリスタルパール 6㎜（イラデサントダヴグレー）…1個
チェーン（ロジウムカラー）…約2㎝
Tピン（ロジウムカラー）…1個
丸カン 5㎜（ロジウムカラー）…1個
ブローチ金具 25㎜…1個
Vフェルト 2㎜厚 #2014（黒）[SUNFELT]
糸 One・G #PT-2（黒）[TOHO]

型紙（原寸）

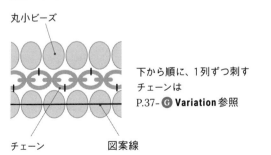

裏面に丸カンを
縫いつける

作り方

1　フェルトを型紙に合わせてカットする（P.32）。

2　輪郭を丸小ビーズのバックステッチ（P.34-Ⓐ）で刺す。

3　図1のように、チェーンと丸小ビーズを刺す。

4　あいている部分に、竹ビーズと丸特小ビーズをランダムにすき間をあけて刺す。

5　裏面に丸カンを縫いつける（P.41）。

6　ブローチに仕立てる（P.40）。

7　パールをTピンどめし、丸カンにつなぐ（P.41）。

図1　丸小ビーズのバックステッチ

丸小ビーズ

下から順に、1列ずつ刺す
チェーンは
P.37-Ⓖ Variation 参照

チェーン　　　　図案線

型紙（原寸）

○ = パール 6 mm

● = パール 4 mm

● = パール 3 mm

材料

crescent gold

丸小ビーズ #715（金）… 約60個 [TOHO]
丸特小ビーズ #2110（ゴールド）… 約50個 [TOHO]
スパンコール 6 mm 亀甲 #F41（マットゴールド）
… 約35枚 [Sea Horse]
クリスタルパール 6 mm（パウダーアーモンド）… 1個
クリスタルパール 4 mm（パウダーアーモンド）… 2個
クリスタルパール 3 mm（パウダーアーモンド）… 2個
ブローチ金具 25 mm … 1個
V フェルト 2 mm 厚 #2014（黒）[SUNFELT]
糸 One・G #PT-2（黒）[TOHO]

crescent silver

丸小ビーズ #713（銀）… 約60個 [TOHO]
丸特小ビーズ #2100（白）… 約50個 [TOHO]
スパンコール 6 mm 亀甲 #F21（薄青）
… 約35枚 [Sea Horse]
クリスタルパール 6 mm（イラデサントダヴグレー）… 1個
クリスタルパール 4 mm（イラデサントダヴグレー）… 2個
クリスタルパール 3 mm（イラデサントダヴグレー）… 2個
ブローチ金具 25 mm … 1個
V フェルト 2 mm 厚 #2014（黒）[SUNFELT]
糸 One・G #PT-2（黒）[TOHO]

作り方

1 フェルトを型紙に合わせてカットする（P.32）。

2 輪郭を丸小ビーズのバックステッチ（P.34-Ⓐ）で刺す。

3 パール3種類を、型紙を参考にフチに刺す（P.40-Ⓛ）。

4 図1のように、スパンコールと丸特小ビーズを刺す。

5 ブローチに仕立てる（P.40）。

図1

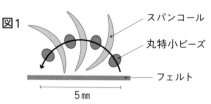

スパンコール
丸特小ビーズ
フェルト
5 mm

ビーズ4個とスパンコール3枚を
図のように通し、約5mmのひと針で刺す
（ストレートステッチ/P.36-Ⓔ）

ストレートステッチは
毎回方向を変えて刺す

Alphabets　アルファベット　P.22

材料

A

★丸特小ビーズ #194（クリア白）
…約310個 [TOHO]
☆丸特小ビーズ #121（白）…約20個 [TOHO]
二分竹ビーズ #1402（シルク白）…7個 [TOHO]
ブローチ金具 30㎜…1個
ハードフェルト #701（白）[SUNFELT]
糸 One・G #PT-4（ベージュ）[TOHO]

C

★丸特小ビーズ #376（グレー）…約260個 [TOHO]
☆丸特小ビーズ #714F（マット銀）…約25個 [TOHO]
二分竹ビーズ #1483（シルクグレー）…11個 [TOHO]
ブローチ金具 30㎜…1個
ハードフェルト #701（白）[SUNFELT]
糸 One・G #PT-4（ベージュ）[TOHO]

D

★丸特小ビーズ #31F（クリアピンク）
…約230個 [TOHO]
☆丸特小ビーズ #267（クリア紫）
…約20個 [TOHO]
二分竹ビーズ #1474（シルクピンク）
…12個 [TOHO]
ブローチ金具 30㎜…1個
ハードフェルト #701（白）[SUNFELT]
糸 One・G #PT-4（ベージュ）[TOHO]

作り方

1 フェルトを型紙に合わせてカットする（P.32）。

2 輪郭を★丸特小ビーズの
2個ずつ刺すバックステッチ（P.35-**B**）で刺す。

3 内側にランダムに二分竹ビーズを刺す。

4 あいている部分を★と☆の丸特小ビーズの
三角どめ（P.35-**C**）で刺しうめる。

5 ブローチに仕立てる（P.40）。

型紙（原寸）

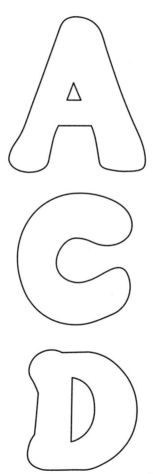

ご自身のお好きな文字を、お好きな色で作ってみてください

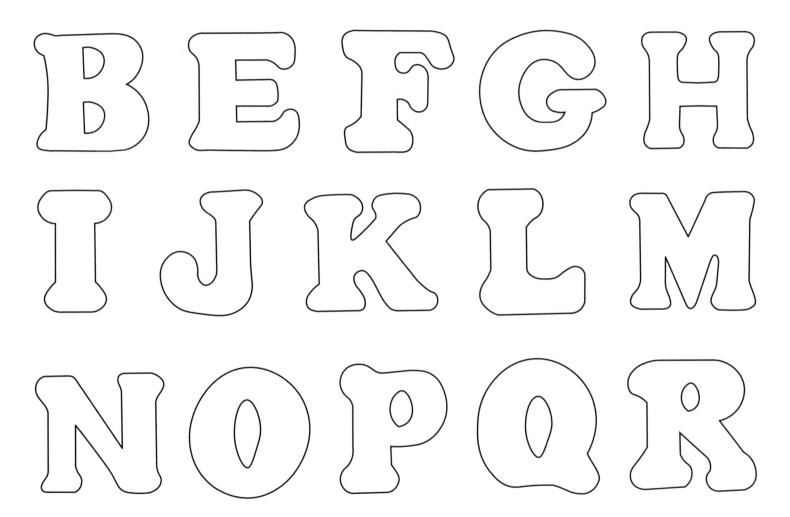

Point

シルクビーズ

氷のような、筋の見える光沢があるビーズを「シルクビーズ」といいます。上品な輝きで、角度によって大きく光り方が変わるのも魅力。大きな二分竹ビーズなら、その質感がじっくりと楽しめます。

Clutch bags　クラッチバッグ　P.25

型紙（原寸）

銅玉2個は
本体の中心に刺す

材料

gold

丸小ビーズ #22（ゴールド）… 約20個 [TOHO]
丸特小ビーズ #2100（白）… 約50個 [TOHO]
一分竹ビーズ #22F（ゴールド）… 約30個 [TOHO]
スパンコール 3㎜平 #11（オーロラ）… 約18枚 [Sea Horse]
直パイプ 1.2×30㎜（ゴールド）…1個
銅玉 4㎜（ゴールド）…2個
ブローチ金具 25㎜…1個
Vフェルト 2㎜厚 #2014（黒）[SUNFELT]
糸 One・G #PT-2（黒）[TOHO]

silver

丸小ビーズ #21（シルバー）… 約20個 [TOHO]
丸特小ビーズ #2100（白）… 約50個 [TOHO]
一分竹ビーズ #21F（シルバー）… 約30個 [TOHO]
スパンコール 3㎜平 #11（オーロラ）
… 約18枚 [Sea Horse]
直パイプ 1.2×30㎜（ロジウムカラー）…1個
銅玉 4㎜（ロジウムカラー）…2個
ブローチ金具 25㎜…1個
Vフェルト 2㎜厚 #2014（黒）[SUNFELT]
糸 One・G #PT-2（黒）[TOHO]

作り方

1　フェルトを型紙に合わせてカットする（P.32）。

2　直パイプをとめる（P.40- **L** Variation）。

3　輪郭をバックステッチ（P.34- **A**）で刺す。丸特小・一分竹ビーズを交互に刺す。

4　内側に一分竹・丸小ビーズをランダムに刺す。ゆったりとすき間をあけて刺す。

5　あいている部分に、スパンコールを丸特小ビーズでとめる（P.38- **I**）。
　　スパンコールが**4**で刺したビーズに重なることで、自然と傾く。

6　フェルトの側面に、銅玉を丸特小ビーズでとめる（P.39- **K**）。

7　ブローチに仕立てる（P.40）。

Lunar phases

月の満ち欠け　P.26

材料

gold

丸特小ビーズ #22（クリア金）…約1000個 [TOHO]

マンテル（ゴールド）…1組

丸カン3mm（ゴールド）…10個

チェーン（ゴールド）…約12.5cm

ハードフェルト #790（黒）[SUNFELT]

糸 One・G #PT-2（黒）[TOHO]

silver

丸特小ビーズ #21（クリア銀）…約1000個 [TOHO]

マンテル（ロジウム）…1組

丸カン3mm（ロジウム）…10個

チェーン（ロジウム）…約12.5cm

ハードフェルト #790（黒）[SUNFELT]

糸 One・G #PT-2（黒）[TOHO]

型 紙（原寸）

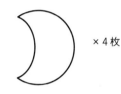

×4枚

×2枚

×2枚

作 り 方

1 フェルトを型紙に合わせてカットする（P.32）。

2 バックステッチ（P.34-Ⓐ）で輪郭を刺す。内側もバックステッチで刺しうめる。

3 丸カンを裏面に縫いとめ（写真1・P.41）、2枚ずつ外表に貼り合わせる。

4 図1を参照して、丸カンでつなぐ。

丸カン
半分ほどが
外に出るように縫う

写真1

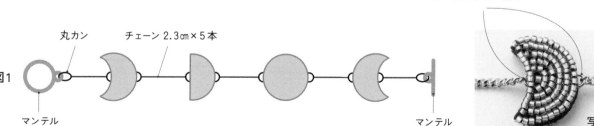

図1

丸カン　チェーン2.3cm×5本

マンテル　　　　　　　　　　　　　　　　　　　マンテル

Christmas trees クリスマスツリー P.28

型紙（原寸）

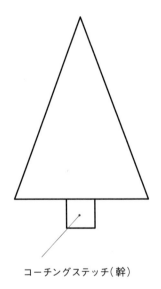

コーチングステッチ（幹）

材料

red

丸小ビーズ #25C（赤）…約330個 [TOHO]
スパンコール 3mm平 #39（赤）…約30枚 [Sea Horse]
クリスタルパール 4mm（ルージュ）…12個
ブローチ金具 25mm…1個
Vフェルト 2mm厚 #2023（赤）[SUNFELT]
糸 One・G #PT-2（黒）[TOHO]

blue

丸小ビーズ #2203（青）…約330個 [TOHO]
スパンコール 3mm平 #34（青）…約30枚 [Sea Horse]
クリスタルパール 4mm（イラデサントダークブルー）
…12個
ブローチ金具 25mm…1個
Vフェルト 2mm厚 #2021（青）[SUNFELT]
糸 One・G #PT-2（黒）[TOHO]

gold

丸小ビーズ #22（金）…約330個 [TOHO]
スパンコール 3mm平 #41（金）…約30枚 [Sea Horse]
クリスタルパール 4mm（パールセントホワイト）
…12個
ブローチ金具 25mm…1個
Vフェルト 2mm厚 #2004（ベージュ）[SUNFELT]
糸 One・G #PT-4（ベージュ）[TOHO]

white

丸小ビーズ #21（銀）…約330個 [TOHO]
スパンコール 3mm平 #21D（白）…約30枚 [Sea Horse]
クリスタルパール 4mm（Lt. クリームローズ）
…12個
ブローチ金具 25mm…1個
Vフェルト 2mm厚 #2001（白）[SUNFELT]
糸 One・G #PT-1（白）[TOHO]

作り方

1 フェルトを型紙に合わせてカットする（P.32）。

2 幹の部分を丸小ビーズのコーチングステッチで刺す（P.37-**F**）。

3 丸小ビーズ5個のストレートステッチ（P.36-**D** **Point 2**）を
約50回ランダムに刺す（**図1**）。

4 ランダムな位置に、スパンコール30枚を丸小ビーズでとめる（P.38-**I**）。

5 ランダムな位置に、パール12個をとめる。

6 ブローチに仕立てる（P.40）。

図1

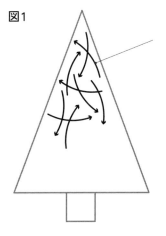

丸小ビーズ5個の
ストレートステッチ

ストレートステッチを
様々な向きに刺す
ステッチ同士が
重なってもかまわない

Point

複雑に見えても意外と簡単

ビーズやパーツ、スパンコールが重なり合って、一見複雑そう
に見える作品ですが、実はとても簡単です。理由は、主に3つ。

1.フェルトのカットが直線的なこと
型紙が複雑な形のものは正確にカットするのが難しいですが、
この図案は直線なので、2mm厚のフェルトでもすぐに切ること
ができます。

2.「きっちり」でなくてよいこと
刺繍が左右対称の図案や、直線部分が多い図案は、少しのズ
レが気になりやすいです。

3.大きめのパーツが多いこと
丸特小ビーズが多い作品に比べて短時間で仕上がります。

MON PARURE （モンパルレ）

ビーズアクセサリーデザイナー・下島優子のプロデュースするアクセサリーブランド。
10年間の航空業界勤務後、子育てのため退職。一段落してから出会ったビーズアクセサリーがきっかけでMON PARUREをスタート。2009年法人化。
現在大好きな手芸を通して共有できる「作る時間」と「装う喜び」を感じてもらえる教室やオンラインショップを行う。国内百貨店ポップアップを不定期に開催。著書に『オトナのビーズ刺繍ブローチ select』（小社刊）など。
ヴォーグ学園各校、モンパルレ東浦和店にて教室を開催。

TEL　048-799-2406
HP　http://www.monparure.com
Instagram @monparure_yukoshimojima

Staff

編集	手塚小百合 (gris)
ブックデザイン	串田美恵子 (SALCO DESIGN)
撮影	佐久間ナオヒト（ひび写真事務所）…… 表紙/P.2 ～ 29
	有馬貴子（本社写真編集室）…… P.30 ～
モデル	下島瑞生
トレース	gris
校正	滄流社
編集担当	山地 翠（主婦と生活社）
	大塚美夏（主婦と生活社）
撮影協力	UTUWA
	https://www.awabees.com/awabees

オトナのビーズ刺繍ブローチ
COLORFUL & PLAYFUL

著者	MON PARURE
編集人	石田由美
発行人	殿塚郁夫
発行所	株式会社主婦と生活社
	〒104-8357　東京都中央区京橋3-5-7
	編集部 ☎03-3563-5361　FAX.03-3563-0528
	販売部 ☎03-3563-5121
	生産部 ☎03-3563-5125
	https://www.shufu.co.jp/
製版所	東京カラーフォト・プロセス株式会社
印刷所	TOPPAN株式会社
製本所	株式会社若林製本工場

ISBN978-4-391-16231-8
© MONPARURE 2024 Printed in Japan